BEI GRIN MACHT SICH IHR WISSEN BEZAHLT

- Wir veröffentlichen Ihre Hausarbeit,
  Bachelor- und Masterarbeit

- Ihr eigenes eBook und Buch -
  weltweit in allen wichtigen Shops

- Verdienen Sie an jedem Verkauf

Jetzt bei www.GRIN.com hochladen
und kostenlos publizieren

Grundlagen im Sport- und Vereinsrecht. Haftung und Arbeitsrecht im Sport, Sponsoringvertrag und steuerliche Aspekte

Nathalie Wittmann

Bibliografische Information der Deutschen Nationalbibliothek:

Die Deutsche Nationalbibliothek verzeichnet diese Publikation in der Deutschen Nationalbibliografie; detaillierte bibliografische Daten sind im Internet über http://dnb.d-nb.de abrufbar.

ISBN: 9783346453259
Dieses Buch ist auch als E-Book erhältlich.

© GRIN Publishing GmbH
Nymphenburger Straße 86
80636 München

Druck und Bindung: Books on Demand GmbH, Norderstedt Germany
Gedruckt auf säurefreiem Papier aus verantwortungsvollen Quellen

Das Buch bei GRIN: https://www.grin.com/document/1030565

Deutsche Hochschule für

Prävention und Gesundheitsmanagement

Einsendeaufgabe

Fachmodul:	Sport- und Vereinsrecht
Studiengang:	BSÖ
Datum Präsenzphase:	16.09.2019-18.09.2019
Name, Vorname:	Wittmann, Nathalie
Studienort:	**Stuttgart**
Semester:	**WS 2017**

Inhaltsverzeichnis

Grundlagen Sport- und Vereinsrecht

Im folgenden Abschnitt wird der im Jahr 2009 gegründete Verein RB Leipzig e.v., welcher seit der Saison 2016/2017 in der ersten Fußball Bundesliga spielt, anhand von verschiedenen Aspekten beurteilt. Die zugrundeliegenden Daten stammen aus dem Jahr 2014, in welchem sich der RB Leipzig e.v. noch in der zweiten Fußball Bundesliga befand und als langfristiges Ziel das Aufsteigen in die erste Fußballbundesliga verfolgt hat. Anhand der Daten von 2014 werden die unten folgenden Punkte bearbeitet.

1.1 Beurteilung wirtschaftlicher Verein anhand Struktur, Organigramm und Satzung

Um zu beurteilen, ob es sich bei dem Verein RB Leipzig e.V um einen wirtschaftlichen oder nicht wirtschaftlichen Verein handelt werden §§ 21 bis 79 BGB als Grundlage genommen. Anhand der Struktur des RB Leipzig kann man erkennen, dass alle wichtigen Vertreter der Red Bull GmbH an der Mitgliederversammlung des RB Leipzig e.v. teilnehmen. Des weiteren besteht die Mitgliederversammlung nur aus sieben bis elf „ordentlichen" Mitgliedern mit Stimmberechtigung. Bei einem idealtypischen Verein haben alle Vereinsmitglieder ein Stimmrecht und können somit in der Gestaltung des Vereinslebens mitwirken. Der gesamte Ehrenrat und Vorstand besteht aus den Red Bull GmbH Vertretern, was stark auf einen wirtschaftlichen Verein deuten lässt. Außerdem haben die sechs Vorstands- und Ehrenratsmitglieder mehr als 50 Prozent der Stimmrechte und können sich somit bei jeder Versammlung durchsetzen. Auch aus dem Auszug der Satzung lässt sich der RB Leipzig e.V deutlich als wirtschaftlicher Verein darstellen, da nur die ordentlichen Mitglieder an der Gestaltung des Vereins mitwirken und sich an der Vereinsarbeit beteiligen dürfen. Somit hat die Red Bull GmbH das Bestimmen über den kompletten RB Leipzig e.V. und wirtschaftliche Ziele der Red Bull GmbH können verfolgt werden. Dem ideellen Verein ist allerdings vor Allem die Gemeinnützigkeit des Vereins wichtig und nicht die Wirtschaftlichkeit.

1.2 Beurteilung wirtschaftlicher Verein anhand GuV

Anhand der Gewinn- und Verlustrechnung des RB Leipzig e.V. aus dem Jahr 2013/2014 werden weitere Faktoren, die für einen wirtschaftlichen Verein sprechen, sichtbar. Direkt fällt auf, dass über die Hälfte der Umsatzerlöse durch die Werbung erbracht wurde. Daraus lässt sich schließen, dass die Red Bull GmbH den Verein RB Leipzig nutzt, um Marketingpolitische Ziele zu erreichen. Ein gemeinnütziger Verein hingegen bekommt seine Einnahmen zum Großteil aus den Mitgliedsbeiträgen. Außerdem ist anhand der Gewinn- und Verlustrechnung sichtbar, dass die Transferaufwendungen sehr gering sind. Das ist ein Indiz dafür, dass schon gute Spieler in der Mannschaft waren, was sich auf das Ziel, in die erste Bundesliga aufzusteigen um den Bekanntheitsgrad von RB Leipzig zu erhöhen, zurückzuführen lässt.

Die bedeutend geringen Erträge durch das Merchandising zeigen, dass es dem Verein weniger wichtig ist ein gutes Image aufzubauen und mehr Fans und Vereinsmitglieder zu gewinnen. Einem ideellen Verein ist es wichtig viele Mitglieder und Fans durch ein gutes Image zu generieren, um durch diese finanziellen Mittel den Verein aufzubauen und zu fördern.

1.3 Beurteilung wirtschaftlicher Verein anhand Schreibweise, Logo, Sponsoring und Homepage

Durch die Schreibweise des RasenBallsport Leipzig e.V., abgekürzt RB Leipzig, kommt es oft zu einer Verwechslungsgefahr. Durch die Abkürzung „RB" wird der Verein häufig anstatt RasenBallsport Leipzig Red Bull Leipzig genannt. Auch das Logo des RB Leipzig e.V. hat starke Ähnlichkeiten mit dem Logo der Red Bull GmbH. Die zwei markanten, sich gegenüberstehenden roten Bullen, die das Logo von Red Bull unverwechselbar machen, sind ebenfalls im Vereinslogo des RB Leipzig e.V. vorhanden. Auch die Vereinsfarben rot und gelb sind genauso in dem Logo der Red Bull GmbH enthalten. Durch das Logo von Verein und der Red Bull GmbH besteht zwischen den Beiden ein hoher Wiedererkennungswert.

Die Homepage des RB Leipzig e.V. präsentiert die Mannschaft schon in dem Internetlink als „die roten Bullen", wodurch weitere Assoziationen mit der Red Bull GmbH stattfinden. Auf der Homepage ist außerdem zu sehen, dass Red Bull einer der Hauptsponsoren von RB Leipzig ist. Wenn man die beiden Internetseiten von RB Leipzig e.V. und der Red Bull GmbH vergleicht, sind die typografischen Merkmale, wie zum Beispiel die Schriftart, die Anordnung von Text und Bild und die verwendeten Farben identisch.

1.4 Konsequenzen

Wenn festgestellt werden kann, dass der RB Leipzig e.V. keine gemeinnützigen Ziele, sondern wirtschaftliche Ziele verfolgt, hat das schwere Folgen. Vor Allem die steuerlichen Konsequenzen für den Verein sind hier näher zu betrachten.

Die erste Sphäre ist die ideelle Sphäre, bei welcher die Einnahmen von Körperschaftssteuer und Gewerbesteuer befreit sind. Auf diesen Bereich hätte es keine Auswirkungen, wenn der RB Leipzig nicht mehr als gemeinnütziger Verein gesehen wird.

Im Bereich der Vermögensverwaltungen würde es Auswirkungen haben, da bei einem nicht wirtschaftlichen Verein alle Einnahmen von der Ertragssteuer befreit sind. Wenn der RB Leipzig e.V. aber als wirtschaftlicher Verein angesehen wird, sind die Einnahmen nicht von der Ertragssteuer befreit. Das heißt, dass die Körperschaftssteuer und die Gewerbesteuer anfallen. Der wirtschaftliche Verein muss dann 15 Prozent Körperschaftssteuer und eine Gewerbesteuer auf das Einkommen zahlen. Die Gewerbesteuer wird gemäß § 11 Abs. 2 GewStG mit einer Steuermesszahl von 3,5 Prozent und einem Hebesatz berechnet. Der Hebesatz liegt je nach Standort meist zwischen 200 und 400 Prozent. Auch im wirtschaftlichen Geschäftsbetrieb fallen durch steuerliche Folgen, hohe Kosten an. Bis zu 35.000 Euro besteht eine Freigrenze, bei der keine Gewerbe- und Körperschaftssteuer anfallen. Wenn der RB Leipzig e.V. nicht mehr als gemeinnütziger Verein gesehen wird, muss der Verein rückwirkend alle Einnahmen nach dem oben genannten Satz versteuern. Im Zweckbetrieb sind alle Einnahmen steuerfrei. Ist der Verein wirtschaftlich fallen für alle Gewinne die Gewerbe- und Körperschaftssteuer zusammen in Höhe von 19 Prozent an.

1.5 Zusammenfassung

Zusammenfassend lässt sich sagen, dass der RB Leipzig e.V. sich bereits von einem ideellen Verein abwendet und in Richtung wirtschaftlicher Verein voranschreitet. Begonnen bei der Vereinsstruktur, die ausschließlich aus Vertretern der Red Bull GmbH besteht.

Auch durch die verblüffenden Ähnlichkeiten von Logo und Homepage zwischen dem Verein und der GmbH ist stark von einem wirtschaftlichen Verein auszugehen. Die Werbeeinnahmen des RB Leipzig e.v., welche die Personalaufwendungen beinahe begleichen können, deuten ebenfalls auf einen wirtschaftlichen Verein. Abschließend ist zu sagen, dass der RB Leipzig e.v. einige Aspekte verfolgt, die klar für einen wirtschaftlichen Verein sprechen. Sie befinden sich momentan in einer rechtlichen Grauzone und deswegen müssen Änderungen vorgenommen werden.

1.6 Strukturelle Veränderung des Rasenballsport Leipzig e. V.

Im Dezember 2014 entschied sich der RB Leipzig e.v. eine strukturelle Veränderung durchzuführen. Eingeleitet wurde dies durch eine außerordentliche Mitgliederversammlung, bei der 14 Clubmitglieder, sowie 40 Fördermitglieder anwesend waren (Welt, 2014). Die 14 Clubmitglieder stimmten alle für eine Ausgliederung der Profimannschaft und dem Nachwuchs bis zur U16 Mannschaft in eine Spielbetriebs-GmbH (Welt, 2014). Unter einer Ausgliederung versteht man, wenn ein eingetragener Verein zu einer neugegründeten Kapitalgesellschaft wird.

Ein Grund, der für eine Ausgliederung beim RB Leipzig spricht, ist zum einen die Trennung vom Risiko (Grimm, 2014). Der Verein befindet sich ohne die Ausgliederung in einer rechtlichen Grauzone, da bei einem eingetragenen ideellen Verein alleinig die gemeinnützigen Ziele im Vordergrund stehen Beim RB Leipzig ist aber von wirtschaftlichen Zielen, wie in fast jeder Fußballbundesligamannschaft, auszugehen, wodurch ein hohes Risiko auf steuerrechtliche Konsequenzen besteht.

Des weiteren ist die Professionalisierung des Vereins RB Leipzig Grund für eine Ausgliederung (Grimm, 2014). Durch die Ausgliederung kann die Organisation und Struktur im Profibereich komplett neu definiert werden. Somit gibt es keine Vorbelastungen, die in Acht bezogen werden müssen.

Durch ein anderes Konzept, dass durch die Ausgliederung möglich ist, kann der Verein RB Leipzig weiterhin konkurrenzfähig bleiben. Durch externe finanzielle Mittel können wichtige Spieler gehalten werden und der RB Leipzig kann seinen Erfolg halten und sogar steigern (Grimm, 2014).

2 Haftung im Sport

2.1 Haftung Teil I

Fraglich ist, ob Thomas Anspruch auf Schadensersatz gegen die Eisbären Berlin e.V. hat.
1. Anspruchsgrundlage könnte §280 I BGB i.V.m. §31 BGB sein. Gemäß §280 I BGB ist der Schuldner, der eine Pflicht aus dem Schuldverhältnis verletzt, dazu verpflichtet dem Gläubiger bei Verlangen den Ersatz des entstehenden Schadens zu ersetzen.

a) Schuldverhältnis ist ein Kaufvertrag, Thomas kauft das Ticket von dem Eisbären Berlin e.V.

b) Pflichtverletzung: Verkehrssicherungspflicht und Sorgfaltspflicht

c) Vertreten müssen: Fahrlässigkeit, da die Eisbären Berlin e.V. das Netz noch regelmäßiger kontrollieren hätten können und dann das Loch wahrscheinlich entdeckt worden wäre.

d) Kausalität: Wäre Thomas schwer verletzt worden, wenn der Puck nicht durch das Loch in dem Auffangnetz geflogen wäre?

e) Schaden: Körperlicher Schaden, Gesundheitlicher Schaden durch Verletzung von Thomas

Der Eisbären Berlin e.V. ist daher Thomas gemäß § 280 I BGB i.V.m. § 31 BGB zum Schadensersatz verpflichtet.

2.2 Haftung Teil II

Fraglich ist, ob die Sauerland Event GmbH Anspruch auf Schadensersatz gegen Klaus hat.
1. Anspruchsgrundlage könnte § 823 I BGB i.V.m. sein. Gemäß § 823 I BGB ist derjenige, der vorsätzlich oder fahrlässig das Leben, den Körper, die Gesundheit, die Freiheit, das Eigentum oder ein sonstiges Rechtsgut eines anderen verletzt, dem anderen zum Ersatz des daraus entstehenden Schadens verpflichtet.

a) Rechtsgutverletzung, hier nicht vorhanden, da Klaus das Rechtsgut der Sauerland GmbH nicht verletzt hat

Klaus ist daher der Sauerland Event GmbH gemäß § 823 I BGB i.V.m. § 31 BGB nicht zum Schadensersatz verpflichtet.

2.3 Haftung Teil III

Fraglich ist, ob Meier Anspruch auf Schadensersatz gegen Schmidt hat.

1. Anspruchsgrundlage könnte § 823 I BGB sein.

a) Rechtsgutsverletzung, hier in der Form der Verletzung des Körpers und der Gesundheit gegeben, da Meier durch das Grätschen von Schmidt verletzt wurde

b) Verletzungshandlung: Schmidt hat Meier „gegrätscht" und dadurch verletzt

c) Haftungsbegründete Kausalität: ohne das Grätschen wäre Meier nicht verletzt worden.

d) Es liegt keine Rechtswidrigkeit vor, da Schmidt weder mit Einwilligung, zur Notwehr oder mit Vertrag gehandelt hat

e) Meier ist von Schmidt durch eine vorsätzliche Handlung laut § 276 BGB verletzt worden.

f) Schadensersatz, Schmerzensgeld

Die Chancen auf einen Schadensersatz für Meier stehen gut. Im Fußball ist es normal einen Gegenspieler zu foulen, jedoch nur wenn dieser den Ball besitzt. Wenn ein Spieler nicht im Ballbesitz ist und gefoult wird ist das in geringem Maße in Ordnung. Das bedeutet, wenn ein Spieler einen Gegenspieler ohne Ball festhält ist das ein Foul ohne körperlichen und gesundheitlichen Schaden. Wenn aber ein Spieler wie Schmidt dem Spieler Meier, zwischen die Beine grätscht obwohl Meier nicht im Ballbesitz ist, ist es kein Foul sondern eine Körperverletzung.

Schmidt ist daher Meier gemäß § 823 I BGB zum Schadensersatz verpflichtet

3 „Arbeitsrecht" im Sport

3.1 „Arbeitsrecht"/Sozialversicherungsrecht – Fall I

Der Ringkampfsportler Henry S. wird als Selbstständiger angesehen. Henry kann seine Arbeitszeiten frei gestalten und unterliegt somit keinem Arbeitnehmer, der ihm vorschreibt, wann er wo sein muss. Henry S. kann sich auch den Ort, an welchem er trainiert, frei aussuchen. Gemäß § 84 I 2 HGB ist selbständig, wer im Wesentlichen frei seine Tätigkeit gestalten kann und seine Arbeitszeiten frei bestimmen kann. Henry S. kann nicht als Arbeitnehmer angesehen werden, da seine Arbeit nicht fremdbestimmt ist. Gemäß § 611a BGB ist wer auf Grund eines privatrechtlichen Vertrags im Dienst eines anderen zur Leistung weisungsgebundener, fremdbestimmter Arbeit in persönlicher Abhängigkeit verpflichtet ist als Arbeitnehmer einzustufen.

3.2 „Arbeitsrecht"/Steuerrecht – Fall II

Die Spieler der ersten Herrenmannschaft des „Kicker e.V." und der Verein „"Kicker e.V. haben einen mündlichen Vertrag geschlossen. In diesem Vertrag haben sich beide Parteien auf ein Pflichttraining der Spieler in der Woche zugestimmt. Auch zu den Spielen verpflichten sich die Spieler. Gemäß §40a EstG liegt eine kurzfristige Beschäftigung vor, wenn der Arbeitnehmer nicht regelmäßig wiederkehrend beschäftigt wird. Das ist in diesem Fall unzutreffend, da die Spieler sich regelmäßig zu einem Pflichttraining und zu den Fußballspielen verpflichtet haben. Außerdem verdienen die Spieler durchschnittlich nicht über 72 Euro pro Arbeitstag, da sie für ihr Training keine Vergütung und für die Spiele zwischen 50 und 80 Euro bekommen. Somit liegt der durchschnittliche Lohn pro Arbeitstag bei maximal 40 Euro, wenn von jeweils 4 Pflichttrainingseinheiten und 4 Spielen pro Monat ausgegangen wird. Als Arbeitstag geltend ist jedes Pflichttraining und jedes Spiel. Aus diesen Gründen werden die Spieler als geringfügig Beschäftigte und nicht als Arbeitnehmer angesehen.

3.3 „Arbeitsrecht"/Sozialversicherungsrecht – Fall III

Tristan R. hat mit dem Vorsitzenden Arnold M. des Handballvereins „HandBall e.V."
einen Vertrag abgeschlossen. Tristan R. bekommt monatlich eine Zahlung von 2.500
Euro netto, selbst wenn er krank ist oder Urlaub hat, was für einen Arbeitnehmer spricht.
Zwar ist Tristan R. für das Training selbst zuständig, jedoch kann er sich seine Arbeitszeiten nicht frei einteilen und muss viele Themen immer mit dem Vorsitzenden Arnold
M. abklären, was gegen eine Selbstständigkeit spricht. Auch die Disziplinarmaßnahmen
sind in Form eines Strafenkataloges von Arnold M. vorgegeben und mit den Spielern
abgeklärt. Gemäß § 84 I 2 HGB ist selbständig, wer im Wesentlichen frei seine Tätigkeit
gestalten kann und seine Arbeitszeiten frei bestimmen kann. Ein weiterer Grund weshalb
Tristan R. als versicherungspflichtig Beschäftigter einzustufen ist, ist der, dass er einen
Firmenwagen von Arnold M. zur Verfügung gestellt bekommt.

4 Sponsoringvertrag

a) Deckblatt

Sponsoringvertrag zwischen „GERUSA Sportartikel GmbH" vertreten durch Bernd
Lambert (Sitz: Bliesweg 4, 66113 Saarbrücken) nachfolgend „Sponsor" genannt
und dem Leichtathletikverein „Lauftreff-Freunde Köllertal e.V." vertreten durch
Arne Brauer (Sitz: Musterstraße 58, 66346 Musterstadt) nachfolgend „Gespon-
serter" genannt – wird folgender Sponsoringvertrag geschlossen:

b) Hauptteil

Der Sponsor ist für die Straßenlaufserie „Saar-LaufCup" im Jahr 2019
Hauptsponsor. Saar-LaufCup findet von Mai bis August an vier verschiedenen
Sonntagen und in vier verschiedenen Städten statt. Der Sponsor erbringt Leistun-
gen in Form von Sach- und Geldleistungen.

§1 Leistungen des Sponsors

(1) Der Sponsor stattet jeden beim Event teilnehmenden Läufer mit einem Laufs-
hirt sowie mit einem Stirnband aus. Der Sponsor ist dazu verpflichtet, die vereinbarten Sachleistungen bis spätestens drei Tage vor jedem Laufeventtag

dem Gesponserten bereitzustellen, welche mit der Aushändigung das Eigentum des Gesponserten wird.

(2) Der Sponsor verpflichtet sich außerdem für Geldleistungen in Höhe von 10.000 Euro pro Event-Tag. Die Eventtage sind im Zeitraum vom 01.05.2019 bis 31.08.2019.

§2 Leistungen des Gesponserten

Der Gesponserte ist dazu verpflichtet, als Gegenleistung für die in §1 zu erbringenden Leistungen des Sponsors, folgende Leistungen zu erbringen:

(1) Der Sponsor hat als Hauptsponsor des Laufevents, als alleiniger Werbepartner das Recht, auf dem Startbogen und Zielbogen sein Logo zu präsentieren

(2) Weiterhin werden im Abstand von 1000 Metern wiederkehrend zur Verfügung gestellte Werbebanner des Sponsors von Gesponserten am Streckenrand angebracht. Der Werbebanner wird an allen vier Eventtagen im Format1,00x3,00 Meter aufgehängt.

§3 Gefahrtragung

Im Falle einer Undurchführbarkeit des Laufevents aufgrund einer höheren Gewalt, behördlicher Maßnahmen oder einem sonstigen Grund verpflichtet sich der Sponsor für 50 Prozent der Geldleistungen aufzukommen. Für die Sachleistungen muss der Sponsor bei einem Ausfall des Events nicht aufkommen.

§4 Leistungsstörung

Wird eine vereinbarte Leistung von einem der beiden Vertragspartner nicht erbracht, ist eine Strafe in Höhe von 5.000 Euro fällig. Wird eine Leistung von einem der beiden Vertragspartner nur teilweise erbracht, ist eine Strafe von 2.000 Euro fällig.

§5 Laufzeit und Optionsrechte

Der Vertrag beginnt mit Wirkung, wenn beide Vertragsparteien den Vertrag unterzeichnet haben, zum Datum der zuletzt geleisteten Unterschrift. Ende des Vertrages ist nach Ende des Laufevents. Der Sponsor hat bis zum 31.08.2019 die Möglichkeit den Sponsoringvertrag einseitig zu verlängern, um auch im nächsten Jahr Hauptsponsor des Gesponserten zu sein.

§6 Zahlungsmodalitäten

Der Sponsor überweist bis spätestens 01.05.2019 den in §1 vereinbarten Betrag auf das Konto des Gesponsorten: DE 5603 4110 0000 0028 65. Sollte der Sponsor in Zahlungsverzug kommen, fallen Verzugszinsen in Höhe von sieben Prozent über dem Basiszinssatz an.

§7 Haftungsausschluss

(1) Der Gesponserte haftet nicht in dem Fall, wenn marketingpolitische Ziele des Sponsors durch die Sponsoringmaßnahmen auf dem Laufevent nicht erreicht wurden.

(2) Der Sponsor haftet nicht gegenüber Dritten, die am Event teilnehmen.

§8 Kündigungsklausel

Nach Abschluss des Vertrages ist eine ordentliche Kündigung nicht mehr möglich. Eine außerordentliche Kündigung steht beiden Parteien bei einem groben Verstoß gegen eine Vertragsklausel zu.

§9 Schriftform

Mündliche Nebenabreden zu diesem Vertrag bestehen nicht. Änderungen und Ergänzungen dieses Vertrages bedürfen zu ihrer Wirksamkeit der Schriftform. Ein Schriftformverzicht muss schriftlich vereinbart werden.

§10 Salvatorische Klausel

(1) Sollten einzelne Bestimmungen dieses Vertrages unwirksam oder undurchführbar sein oder nach Vertragsabschluss unwirksam oder undurchführbar werden, bleibt davon die Wirksamkeit des Vertrages im Übrigen unberührt.

(2) Die Parteien verpflichten sich, die unwirksamen oder undurchführbaren Bestimmungen mit Wirkung zum Zeitpunkt ihrer Unwirksamkeit oder Undurchführbarkeit in einem geeigneten Verfahren durch andere, ihrem wirtschaftlichen Erfolg möglichst gleichkommende Bestimmungen, zu ersetzen. Dies gilt entsprechend bei Regelungslücken.

§11 Schiedsklausel

(1) Alle Streitigkeiten, die in Zusammenhang mit diesem Vertrag oder über seine Gültigkeit entstehen – auch nach Beendigung des Vertrages – werden nach der Schiedsgerichtsordnung der Deutschen Institution für Schiedsgerichtsbarkeit e.V. (DIS) in der jeweils geltenden Fassung unter Ausschluss des ordentlichen Rechtsweges endgültig entschieden.

(2) Das Schiedsgericht besteht aus drei Schiedsrichtern. Der Ort des schiedsrichterlichen Verfahrens ist Frankfurt am Main

5 Steuerliche Aspekte im Sport- und Vereinsrecht

Im Folgenden werden die vier steuerlichen Sphären anhand von verschiedenen Geschäftsvorfällen erläutert. Des weiteren wird auf die steuerlichen Auswirkungen jeder Sphäre eingegangen.

5.1 Steuerliche Sphären

Ideelle Sphäre:
Die Mitgliedsbeiträge in Höhe von 38.880 Euro sind dem ideellen steuerbefreiten Bereich zuzuordnen.

(+ 38.880 Euro)

Vermögensverwaltung:
Die Einnahmen aus der Verpachtung des Grundstückes in Höhe von 42.000 Euro im Jahr sind der Vermögensverwaltung zuzuordnen, da der Verein vorhandenes Vermögen zur Verpachtung nutzt. Somit bleiben die Einnahmen steuerfrei.

(+ 42.000 Euro)

Zweckbetrieb:
Die Einnahmen aus den sportlichen Veranstaltungen in Höhe von 42.000 Euro sind dem Zweckbetrieb zuzuordnen. Dem Zweckbetrieb werden ausschließlich sportliche Veranstaltungen zugeteilt, bei denen kein bezahlter Sportler dabei ist, was in diesem Fall zutrifft. Außerdem überschreitet die Einnahme die steuerpflichtige Grenze von 45.000 Euro nicht.

<u>Wirtschaftlicher Geschäftsbetrieb:</u>

Die Sponsoringeinnahmen in Höhe von 45.000 Euro und die Einnahmen aus der Vereinskantine in Höhe von 27.000 Euro sind dem wirtschaftlichen Geschäftsbetrieb zuzuordnen, da absichtlich Einnahmen erzielt werden. Da eine Freigrenze von 35.000 überschritten wird, ist der daraus resultierende Gewinn steuerpflichtig. Es werden die Gewerbesteuer und die Körperschaftssteuer von dem Gewinn abgezogen. Für Sponsoringeinnahmen sind lediglich 15 Prozent der Einnahmen zu versteuern.

Einnahmen aus Vereinskantine	27.000
Gewerbesteuer (Hebesatz 400%) (27.000 Euro x 3,5% x 400%)	3.780
Körperschaftssteuer (27.000 x 15%)	4.050

Sponsoringeinnahmen	45.000
Abzgl. Kostenpauschale (85% von 45.000 Euro)	-38.250
zu versteuerndes Einkommen	6.750
abzgl. Freibetrag	5.000
	1.750

Gewerbesteuer (Hebesatz 400%) (1.750 Euro x 3,5% x 400%)	245
Körperschaftssteuer (1.750 Euro x 15% Körperschaftssteuer)	262,50

5.2 Umsatzsteuer

Tab. 1: Beispielhafter Geschäftsvorfall jeder Sphäre und Steuerliche Auswirkungen

Steuerliche Sphäre	Geschäftsvorfall	Steuerliche Auswirkungen
Ideeller Bereich	Die 150 Mitglieder eines eingetragenen und gemeinnützigen Vereins zahlten jährlich jeweils 170 Euro an Mitgliedsbeiträgen.	Der Verein muss keine Steuern zahlen, da die Mitglieder die Beiträge bezahlen, um die Hallen zu nutzen und zur Gemeinnützigkeit.
Vermögensverwaltung	Ein eingetragener und gemeinnütziger Verein erzielt im Jahr 2019 Einnahmen in Höhe von 10.000 Euro durch das Vermieten der Vereinsgaststätte	Der Verein muss keine Steuern zahlen, da der Verein sein Vermögen verpachtet.
Zweckbetrieb	Bei einer Sportveranstaltung erzielt der Verein durch den Verkauf von Tickets Einnahmen in Höhe von 10.000 Euro	Der Verein muss keine Steuern zahlen, da die Einnahmen unter der Grenze von 45.000 Euro liegt und erst ab 45.000 Euro Steuern verlangt werden
Wirtschaftlicher Geschäftsbetrieb	Durch den Verkauf von Essen und Getränken auf einer sportlichen Veranstaltung erzielt der Verein Einnahmen in Höhe von 12.000 Euro.	Der Verein muss keine Steuern bezahlen, da er unter der Freigrenze von 35.000 Euro liegt.

6 Tabellenverzeichnis

7 Literaturverzeichnis

Grimm (LVZ, Hrsg.). (2014). *Experte zur Ausgliederung von RB Leipzig in GmbH: „Ziel ist weitere Professionalisierung".* Zugriff am 03.10.2019. Verfügbar unter https://www.lvz.de/Sportbuzzer/RB-Leipzig/News/Experte-zur-Ausgliederung-von-RB-Leipzig-in-GmbH-Ziel-ist-weitere-Professionalisierung

Welt. (2014). *Profis jetzt GmbH: RB Leipzigs 14 Mitglieder stimmen für Klub-Umbau,* https://www.facebook.com/welt. Zugriff am 02.10.2019. Verfügbar unter https://www.welt.de/sport/fussball/2-bundesliga/article134955547/RB-Leipzigs-14-Mitglieder-stimmen-fuer-Klub-Umbau.html